ISBN 978-0-259-25079-1
PIBN 10678067

1 MONTH OF
FREE
READING

at

www.ForgottenBooks.com

By purchasing this book you are eligible for one month membership to ForgottenBooks.com, giving you unlimited access to our entire collection of over 700,000 titles via our web site and mobile apps.

To claim your free month visit:

www.forgottenbooks.com/free678067

English
Français
Deutsche
Italiano
Español
Português

www.forgottenbooks.com

Mythology Photography **Fiction**
Fishing Christianity **Art** Cooking
Essays Buddhism Freemasonry
Medicine **Biology** Music **Ancient
Egypt** Evolution Carpentry Physics
Dance Geology **Mathematics** Fitness
Shakespeare **Folklore** Yoga Marketing
Confidence Immortality Biographies
Poetry **Psychology** Witchcraft
Electronics Chemistry History **Law**
Accounting **Philosophy** Anthropology
Alchemy Drama Quantum Mechanics
Atheism Sexual Health **Ancient History**
Entrepreneurship Languages Sport
Paleontology Needlework Islam
Metaphysics Investment Archaeology
Parenting Statistics Criminology
Motivational

DISCORSO

DEL DEPUTATO

AUGUSTO BARAZZUOLI

IN COMMEMORAZIONE

DEL

RE VITTORIO EMANUELE

SIENA

TIP. DELL'ANCORA DI G. BARGELLINI

—

1884.

 L Deputato Commendatore Augusto Barazzuoli pronunziò questo splendido discorso in occasione della solenne commemorazione del **Re Vittorio Emanuele,** avvenuta in Siena nella grande sala del palazzo comunale per la iniziativa della Società dei Reduci « Italia e Casa Savoia » il dì 9 Gennaio 1884, sesto anniversario dalla morte del glorioso Monarca, Padre della Patria.

Il Consiglio Direttivo dell' Unione liberale-monarchica senese, ottenuto il gentile consenso dell'illustre autore, ne fece, a sua cura, eseguire la stampa e la pubblicazione.

« Sul muto degli eroi sepolto frale
  Eterna splende di virtù la face:
  Passa il tempo, e la sventola coll'ale,
  E più bella la rende, e più vivace. »

E splenderà eterna la fiaccola della riconoscenza d'un popolo libero su quella che dicesi la tomba di Colui, che, vivo, il consenso del mondo civile disse il *Re Galantuomo,* morto, il Padre della Patria.

No! non è una tomba quella, a cui si avvia oggi reverente l'Italia: è monumento di sfida trionfale alla morte, è altare, sul quale arderà perpetuo il fuoco sacro d'ogni sentimento generoso, e magnanimo. Dal granito che racchiude l'ossa di Vittorio Emanuele, spira un'aura di vita immortale e gli italiani, accorrendo a salutarlo, vi ritroveranno le ispirazioni che rialzarono l'Italia a dignità di nazione, e la serberanno virile, rispettata, grande, quale ce la consegnò quel Morto che è più vivo di prima.

A me ultimo per ingegno, pari a ognuno di voi nell'amore della patria, e nell'amore d'ogni onesta libertà, commetteste di commemorare questo giorno solenne, che ricorda il maggiore dei lutti nazionali,

Ma di Lui, che in ogni cuore d'italiano ha un tempio, in ogni casa un'immagine, in ogni città una pietra memore, in ogni angolo del mondo civile il culto che si presta alla virtù, e all'eroismo, posso io parlarvi degnamente?

Questa figura, la più onesta, la più simpatica, la più imponente del nostro secolo è la personificazione d'Italia! la sua vita è la storia del periodo eroico d'un popolo che risorge *(movimento d'approvazione)*: non una aspirazione di patriotta che non fosse anco la sua; non un pensiero di sapiente a prò d'Italia che non fosse anco suo: non un ardimento per riacquisto di libertà che non fosse anco il suo: non un lutto, non una gioia, un timore, una speranza d'Italia, che non fossero lutto, gioia, timore, speranza anco suoi. *(Applausi)*.

Fortunati i popoli, cui sono toccati in sorte certi uomini! Più fortunati, se sanno comprenderli, e secondarli! Degni di perpetua grandezza, se serbano nel cuore la memoria delle grandi cose e la riconoscenza a chi le operò!

L'istinto divinatore del popolo circonda spesso d'un aura fatidica e misteriosa la culla, e la prima vita di quegli uomini, che la Provvidenza manda di tratto in tratto a operare grandi cose a benefizio dell'umanità. Pare pregiudizio di fantasie volgari, ed è verità: è sogno dell'oggi quello che sarà storia domani *(segni d'attenzione)*.

Perchè, quando nel 1820 nasceva Vittorio Emanuele, fra i patriotti che soffrivano, aspettavano, e speravano, corse come un presentimento di lieti eventi per l'Italia, e un gran patriotta annunziò allora nei giornali di Parigi la nascita del Principe sabaudo, quasi promessa d'un migliore avvenire per l'Italia? Chi aveva detto a Gino Capponi che il neonato sarebbe stato il Salvatore d'Italia?

Perchè quando la culla del regal fanciullo fu divorata dalle fiamme, ed egli salvato a stento, la notizia fu appresa quasi un fausto augurio, come i Macedoni si augurarono bene d'Alessandro nato al chiarore dell'incendio, che distrusse il tempio di Diana in Efeso?

Perchè quando Vittorio Emanuele aveva appena salito
i gradini del trono, e gl' italiani avvezzi da sanguinose
esperienze a diffidare delle promesse dei Principi ignoravano
che cosa sarebbe stato, che cosa avrebbe fatto Vittorio
Emanuele, un patriotta toscano scriveva a una gentil donna
fiorentina « Oggi 25 maggio 1849 gl' imperiali sono entrati
in Firenze: fra 10 anni il figliuolo di Carlo Alberto sarà
Re d' Italia? » Chi aveva detto a Vincenzo Salvagnoli che
il nuovo Re di Sardegna sarebbe stato il primo Re d'Italia?
Chi gli aveva dettato quella lettera profetica, che, me
testimone, fè balzare in piedi per maraviglia Luigi Carlo
Farini, quando fu letta alla Crusca nell' esequie dell'uomo
illustre? *(applausi)*.

Fu istinto di divinazione popolare? era fede nella Casa
di Savoia tramandata di generazione in generazione fin da
quando Emanuele Filiberto ordinava si scrivessero gli atti
pubblici, e si promulgassero le leggi in lingua italiana, e si
parlasse italiano alla sua Corte? fin da quando a Carlo
Emanuele un patriotta inviava un poema manoscritto col
titolo: le *Speranze d' Italia?* fin da quando il Manfredi,
cantando la nascita d' un Principe di Savoia, gridò: Italia,
Italia, il tuo soccorso è nato? *(applausi)*.

Non lo so: so che la salvezza d'Italia è venuta da Casa
Savoia, e che il Salvatore è stato l'uomo *missus a Deo, et
eius nomen vocabatur* EMANUEL *(scoppio d'appl. fragorosi)*.

E fu ben ispirata la profezia di Vincenzo Salvagnoli!

L'Italia caduta in quei giorni al fondo d'ogni miseria: Carlo Alberto corso a Oporto a seppellire nel volontario esiglio
le amarezze dei magnanimi disinganni *(approvazioni)*: l'Austria, insolente per la vittoria, accampata a Firenze, a Bo-
logna, in Alessandria: la teocrazia tornata da Gaeta, gonfia
d'ira, e assetata di vendetta: la tirannide borbonica fatta
più feroce e sanguinaria sui patriotti del mezzogiorno: Pa-
lermo che cade sotto la mitraglia del Re Bomba: Venezia,
che si arrende per fame: Roma che fa pagare caro il tra-
dimento fraterno a una Repubblica sorella *(scoppio d' ap-*

plausi) ma cede alla prepotenza delle forze nemiche: il popolo subalpino, stremato di forze e d'animo dalle gloriose inutili prove, diffidente di chi era sceso, e di chi era salito: la reazione che si agita; la licenza che rumoreggia; il parlamento tumultuante; le finanze esauste; l'esercito rotto e sfiduciato *(emozione)*.

Sotto questi auspici Vittorio Emanuele sale sul trono dei suoi padri. A ognuno pareva finita ogni impresa di riscossa; per lui era questione di ricominciarla *(applausi):* alla sfiducia del suo popolo contrappone la sua fede di predestinato: ai retrivi risponde che non è l'uomo loro, e manda monsignor Franzoni in cittadella: a chi grida Repubblica, e nega il voto al trattato coll'Austria, risponde col Lamarmora a Genova, e col proclama di Moncalieri: ma la bandiera tricolore resta dritta, lo statuto intero, le libertà costituzionali inviolate *(applausi fragorosi):* promette, e mantiene; giura, e osserva il suo giuramento; non una riforma dinanzi alla quale indietreggi: non un progresso, che gli faccia paura: non uno scongiuro che lo faccia venir meno al motto della sua Casa « avanti sempre Savoia » *(approvazioni):* non un ardimento per riacquisto di libertà, davanti al quale impallidisca, sieno le proteste contro l'Austria per la confisca dei beni degli emigrati lombardi, sia la spedizione de' suoi prodi nella lontana Crimea: strade ferrate che si aprono; commerci, che si espandono; industrie, che si incoraggiano; un senso operoso di vita e di moto diffuso da un capo all'altro del piccolo e grande Piemonte.

E intorno al trono di Vittorio Emanuele aleggia l'anima d'Italia, e quanti ha l'Italia chiari in armi, nelle scienze, nelle lettere, per patriottismo, tanti si raccolgono intorno a lui da Manfredo Fanti a Enrico Cialdini, dal Poerio all'Arese, dal Mamiani allo Spaventa, dal Guerrazzi al Manin, di repubblicano diventato monarchico dinanzi a questo miracolo di Re *(applausi prolungati)*.

E la restante Italia fisa gli occhi nel giovane Re di Sardegna, che pel suo popolo più che il Re è il fratello, l'amico, il compagno oggi di patriottiche aspirazioni, domani di forti opere *(approvazioni)*.

Onde un poeta toscano nei giorni per noi amarissimi dell'occupazione austriaca gl' inviava dalle rive d'Arno saluti, augurii, congratulazioni:

> « Giovin Re, mentre al mattino
>
> Balzi in sella al tuo destriero,
>
> E cavalchi per Torino
>
> Aspettato cavaliero,
>
> Di', non leggi in ogni volto
>
> Un sorriso, una fidanza?
>
> Del tuo popolo raccolto
>
> Non esulti all'esultanza?
>
> Non t'è orgoglio al cor segreto
>
> Quel ricambio onesto e lieto
>
> Di saluti e cortesie,
>
> Quasi passi per le vie
>
> Un Amico e non un Re? »

Sì un amico e più che un amico, il padrone del cuore d'Italia; quella Italia che aspetta la sua voce per levarsi tutta a rivolta; che manda i suoi figli più eletti nelle file dell'esercito subalpino; che concorre pei cento cannoni di Alessandria; che a Cavour reduce dal Congresso di Parigi invia un busto col motto dantesco: « colui, che la difese a viso aperto »; che, mentre Francesco Giuseppe d'Austria entra in Milano, manda una statua al Re a protesta contro le postume carezze del biondo imperatore *(applausi)*.

Quindi il 1859 preparato dall'intuizione del Principe, e dal genio degli uomini di Stato italiani con lungo lavoro di diplomazia sagace, di apprestamenti guerreschi, di salde alleanze: nel 59 Palestro, San Martino, Sanfermo: nel 60 Castelfidardo, Gaeta, e le eroiche audacie di Garibaldi; nel 66 anco i sinistri voltati in fortuna dall'influsso meraviglioso della stella d'Italia, e di Casa Savoia *(applausi)*: nel 70 la breccia di Porta Pia, e il Quirinale *(applausi)*.

In 21 anni! parrà leggenda ai posteri quello che è meraviglioso anco a noi, e pure è storia. In 21 anni! 10 di preparazione, 11 di azione, e in 21 anni Vittorio Emanuele trova l'Italia aduggiata da cento bandiere, la bandiera dalle chiavi papali, la bandiera dai gigli borbonici, la bandiera dai pesci lorenesi, la bandiera dall'aquila a due becchi, e la lascia con una sola che sventola dall'Alpi al mare, la bandiera tricolore colla bianca croce di Savoia *(uragano di applausi irrefrenati)*: la trova divisa, e la lascia una; la trova serva, e la lascia libera; la trova umiliata, calpestata, e la lascia fieramente rialzata al cospetto dell'universo! *(applausi)*.

Qual meraviglia se l'Italia, quando morì Vittorio Emanuele, si sentì un freddo, come se con lui le mancasse la causa del vivere? se sentì, sente, e sentirà sempre il cordoglio dell'immensa perdita? se corre oggi reverente a salutare l'ossa del suo primo fattore?

Perchè in così breve giro di tempo tanti troni spezzati, il Poter temporale caduto, tante diffidenze dissipate, tante discordie quetate, tante membra del nobilissimo corpo della gran Madre Italia ricomposte a salda unità di nazione?

Perchè Vittorio Emanuele volle e fortemente volle; volle una cosa; volle una cosa sola « l'Italia libera e signora di sè »: la volle sempre, con tutta la potenza della sua volontà; col pensiero, colla parola, coll'azione: la volle col concorso del suo popolo, col braccio degl'italiani, col consiglio dei sapienti; la volle non per sè, ma per l'Italia stessa *(emozione)*: la volle a costo anco di ridursi a vita privata in una pampas d'America *(scoppio di applausi prolungati)*. E poichè si è parlato di ideali, quale ideale più bello di quello di Vittorio Emanuele « l'Italia libera e signora di sè? » *(applausi)*.

E in lui, tutto fiso nell'altissimo fine, era buono e santo ciò che in altri sarebbe parso duro e crudele. Gli cuocevano i dolori della pia madre, della piissima moglie; ma egli vinceva nell'animo forte quei dolori, perchè l'Italia chiedeva a lui ogni legittima libertà, e nessuna tregua all'Austria, finchè l'ultimo croato non avesse ripassato le Alpi. Sanguinava il suo cuore di padre, di marito, di figlio dinanzi ai cadaveri de' suoi cari, ma l'Italia chiedeva che segnasse la legge sull'abolizione degli ordini monastici, ed ei la segnava coll'animo trambasciato, ma consapevole di fare il bene della patria *(vivi applausi)*. Era ancora inginocchiato sulla bara del fratello, del valoroso suo compagno di aspirazioni, di armi, di pericoli, di battaglie, di vittorie, di sconfitte; ma l'Italia gli chiedeva di mandare i suoi prodi nella lontana Crimea, la porta, per la quale sarebbe entrato il diritto della nazione; e Vittorio Emanuele, rasciugata una lacrima, inviava i suoi prodi a cuoprirsi di gloria sulle sponde della Cernaia. E l'Italia riconoscente, dai fiori, che cuopriva-no la bara del Duca di Genova, trascegliva il più gentile, il fior di MARGHERITA *(emozione),* allevandolo amorosa-mente a orgoglio delle donne italiane, a esempio per tutti di grazia, di bontà, di virtù *(applausi frequentemente ri-petuti)*. Era uno strappo al suo cuore il cedere al potente alleato le montagne, dalle quali l'Aquila di Savoia scese cogli anni, e col Po; ma era condizione a far l'unità d'Italia e cedè. Era duro per lui togliere la corona di capo alla fida e patriottica Torino; ma l'Italia gli chiedeva d'avviarsi a Roma per Firenze, ed egli obbediva alla voce d'Italia, alla legge del suo dovere, all'istinto della sua nobile stirpe *(ap-plausi)*. Gli era grave affligger la vecchiezza del Pontefice, del padrino di sua figlia; ma l'Italia gli chiedeva di riven-dicare a Cesare quel che è di Cesare, lasciando a Dio quel che è di Dio *(applausi)*, e Vittorio Emanuele, riusciti vani i ripetuti tentativi dei più rispettosi accordi, sfondava a colpi di cannone le mura di Roma *(tuono d' applausi entusiastici)* assicurando al Pontefice ogni libertà nel suo alto ministero, togliendogli lo scettro, lasciandogli l'altare *(emozione, ap-plausi)*.

Così si è grandi: così si toccano le mete sublimi: così fu fatta l'Italia. E fu fatta colla politica della verità, e del dovere, colla politica della lealtà, colla politica dell'a tempo aspettare, a tempo operare.

Sì, la politica della verità e del dovere, che Vittorio Emanuele nel suo primo ricevimento di Re annunziò alla diplomazia trasognata, essa che non aveva fino allora appresa altra arte di Stato che quella dell'utile dei Sovrani quasi i popoli non vi fossero, e del dire altrimenti da quel che si pensa, e fare altrimenti da quel che si dice *(approvazioni)*. Ed egli disse sempre la verità, fece sempre il suo dovere. Disse la verità, e il suo popolo gli credette, e li stranieri ammiravano, e amavano in lui questo strano magnetizzatore delle volontà popolari nell'interesse dell'ordine, della libertà, della pace, della civiltà. Fece sempre il suo dovere, e l'Italia, seguendo l'altissimo esempio, fece sempre il proprio.

Sì, la politica della lealtà; chè per Vittorio Emanuele ogni promessa era una legge, ogni giuramento una religione. La sera della fatal Novara Carlo Alberto gli diceva: « figliuol mio, la sorte è stata oggi più avversa all'Italia che a me: lascio a te il compier la santa impresa: ti affido lo Statuto, e la bandiera tricolore: sii giusto, e onesto, e ricordati sempre della causa, per la quale tuo padre ha combattuto ».

Poco dopo il maresciallo Radetscki riceveva il nuovo Re di Sardegna, e gli faceva balenare la speranza di accordi più utili al vinto che al vincitore, se avesse mutato forma di governo, e ripigliato l'antica bandiera azzurra di Savoia. E il vinto più grande del vincitore rispondeva al vecchio guerriero maravigliato che i giuramenti di suo padre erano i suoi; che lo Statuto era la legge sua, e del suo popolo: che la bandiera tricolore era la sua, e non l'avrebbe abbassata mai, nè lasciato mai che l'abbassasse altri. *(Grida d'applausi)*. Il vinto di Novara si ricordò forse del Conte Verde che, quando nel ricevere l'investitura de' suoi Stati dall'Imperatore del Sacro Romano Impero si voleva, secondo il rito barbarico, abbassare a terra il suo stendardo, l'afferrò fieramente colle sue mani, gridando « nessuno osi d'abbassare la bandiera colla Croce di Savoia, fosse anco Carlo IV » *(applausi).*

Guglielmo Pepe, l'eroico difensore di Venezia, riparato a Torino, diceva un giorno a Vittorio Emanuele che egli aveva un grande esempio di lealtà da imitare, Leopoldo del Belgio. E Vittorio Emanuele rispose altero « quando si tratta di esempii di lealtà, non ho bisogno d'andare a cercarli altrove: ricordo la storia de' miei padri e mi basta » *(applausi).*

E questa politica di lealtà gli attirò, non che degl' italiani, la fede del mondo intero. Qualche diplomatico del passato sorrideva all' ingenua novità di questa politica: ma il tempo, e l'effetto mostrarono se fosse migliore la politica del vecchio Metternich, o quella del giovane Re di Sardegna.

Nè era ingenua la politica del giovane Re: chè egli seppe a tempo aspettare, nell'aspettazione operosa preparando gli eventi, a tempo osare. Seppe aspettare rassegnato, quando malgrado il tumultuare de' partiti firmò il trattato di pace coll' Austria. Seppe aspettare rassegnato, quando malgrado li scongiuri di quella grand'anima che fu Cammillo di Cavour firmò il trattato di Villafranca, che arrestava il corso alla vittoria. Ma l'aspettare del 49 valse l'alleanza di Francia e i trionfi del 59: l'aspettare di Villafranca valse l'alleanza della Prussia, quella Prussia forse, che arrestò il corso alla vittoria, e fruttò il compimento dell'unità nazionale.

E seppe osare, quante volte lo volle l'onore d'Italia e di Casa Savoia. Seppe osare nel 54, quando rinfacciò all'Austria i trattati violati colla confisca dei beni degli emigrati lombardi, nè si commosse alla sospensione delle relazioni diplomatiche indetta da Vienna. Seppe osare, quando spedì i suoi valorosi alla guerra di Crimea. Seppe osare nel 58, quando al terzo Napoleone, che premeva per la restrizione delle libertà costituzionali dopo l'attentato d'Orsini, rispondeva non patire nè minacce di nemici, nè pressioni d'amici; a tutto esser pronto fuorchè abdicare alla dignità di Principe italiano ! la sua Casa conoscer la via dell'esiglio, non quella del disonore *(vivi applausi)*.

V'ho io neppure adombrato, o signori, la figura di Vittorio Emanuele, il sole, dinanzi a cui sono stelle i grandi rammentati dal chiaro preopinante? v'ho io neppur detta in parte la maravigliosa epopea del nostro risorgimento?

Andate, e io sarò con voi, andate alla pietra sepolcrale di Vittorio Emanuele, e quella pietra vi dirà ciò che labbro umano non potrà dirvi giammai.

Andate alla tomba di Vittorio Emanuele, voi custodi di un tesoro, la divisa che Vittorio Emanuele indossava nella giornata di S. Martino (¹). Io ti saluto, onorata divisa, emblema purissimo del patriottismo, del valore, della cavalleria. Tu vali cento porpore di Re, cento clamidi di Imperatori. L'angiolo protettore d'Italia stornò da te nel furore della mischia la grandine della mitraglia nemica: tema il tempo di farti ingiuria, e possa tu esser sempre anco ai nostri nepoti delle generazioni più lontane la sacra Sindone d'Italia, il memore simbolo del Re Galantuomo, del Re cittadino, del Re soldato *(emozione, applausi prolungati)*.

Andate a quella tomba, dinanzi alla quale s'inchinava testè un potente della terra, il vincitore di Sadowa, e di Reichschoffen, il Principe valoroso, che nei giorni del nostro dolore alzava sulle sue braccia il figlio d'Umberto, e di Margherita a testimonio del patto d'amicizia che lega Germania e Italia *(applausi)*.

Andate e depositate a piè di quella tomba la corona di ferro che il patriottismo senese offre alla memoria del migliore de' Re *(applausi)* (²).

(¹) Nella gran sala del Mappamondo era collocata al posto d'onore l'urna in cristallo che racchiude la tunica indossata da Vittorio Emanuele alla battaglia di S. Martino, donata dal Gran Re al Prof. Mussini, e dal Mussini alla città di Siena. Montavano la guardia d'onore all'urna un Veterano, e un Reduce Italia e Casa Savoia.

(²) Era esposta nella sala la corona di ferro battuto, opera stupenda del Franci, che sarà depositata sulla tomba di Vittorio Emanuele al Pantheon.

Bello e patriottico pensiero questo della corona di ferro; la sola degna di Vittorio Emanuele: quella, che al paragone lo mostra più grande del primo Napoleone *(attenzione)*. Il vincitore di Marengo, e di Jena se la pose superbamente sul capo colle sue stesse mani: Vittorio Emanuele non la volle che dalla mano del suo popolo *(scoppio di applausi entusiastici)*. Ma la terribile corona di Teodolinda cadde ben presto dalle tempie del conquistatore: resta immota sulla fronte dei Reali di Savoia *(applausi clamorosi)*.

Il popolo d'Atene andava devotamente pellegrino sui campi di Maratona a domandare alle ossa de' morti nella gran giornata ispirazioni al bene e alla grandezza della patria. E noi italiani andremo alla tomba del Gran Re a raffermarvi la fede nell'Italia, e nella Monarchia costituzionale di Casa Savoia; e là ritroveremo le ispirazioni che fecero grande e gloriosa la patria nostra, ripetendo il suo fatidico detto « a Roma ci siamo e ci resteremo. » Viva la Santa memoria di Vittorio Emanuele. Viva l'Italia. Viva il Re *(applausi prolungati, ripetuti e grida universali di Viva il Re)*.

CPSIA information can be obtained
at www.ICGtesting.com
Printed in the USA
BVHW070602020119
536776BV00017B/3568/P